MEIN MODEDESIGN

EIN SKIZZENBUCH FÜR FASHIONISTAS, DESIGNER UND ILLUSTRATOREN

BIJOU KARMAN

zeichnen & kolorieren

stiebner

© 2016 Quarto Publishing Group USA Inc.

First published in the United States of America in 2016 by
Rockport Publishers, an Imprint of Quarto Publishing Group USA Inc.,
Beverly, Massachusetts 01915-6101
Illustration: Bijou Karman
Design: Debbie Berne

Titel der Originalausgabe: dream draw design MY FASHION

Bibliografische Information der
Deutschen Nationalbibliothek
Die Deutsche Nationalbibliothek verzeichnet diese Publikation in der
Deutschen Nationalbibliografie; detaillierte bibliografische Daten
sind im Internet über http://dnb.d-nb.de abrufbar.

Übersetzung © 2016
Stiebner Verlag GmbH, Grünwald
Alle Rechte vorbehalten.
Wiedergabe, auch auszugsweise, nur mit ausdrücklicher
Genehmigung des Verlages.

www.stiebner.com

Übersetzung aus dem Englischen:
Frauke Watson

Satz und Redaktion der deutschen Ausgabe:
Verlags- und Redaktionsbüro München,
www.vrb-muenchen.de

ISBN 978-3-8307-0954-1
Printed in China

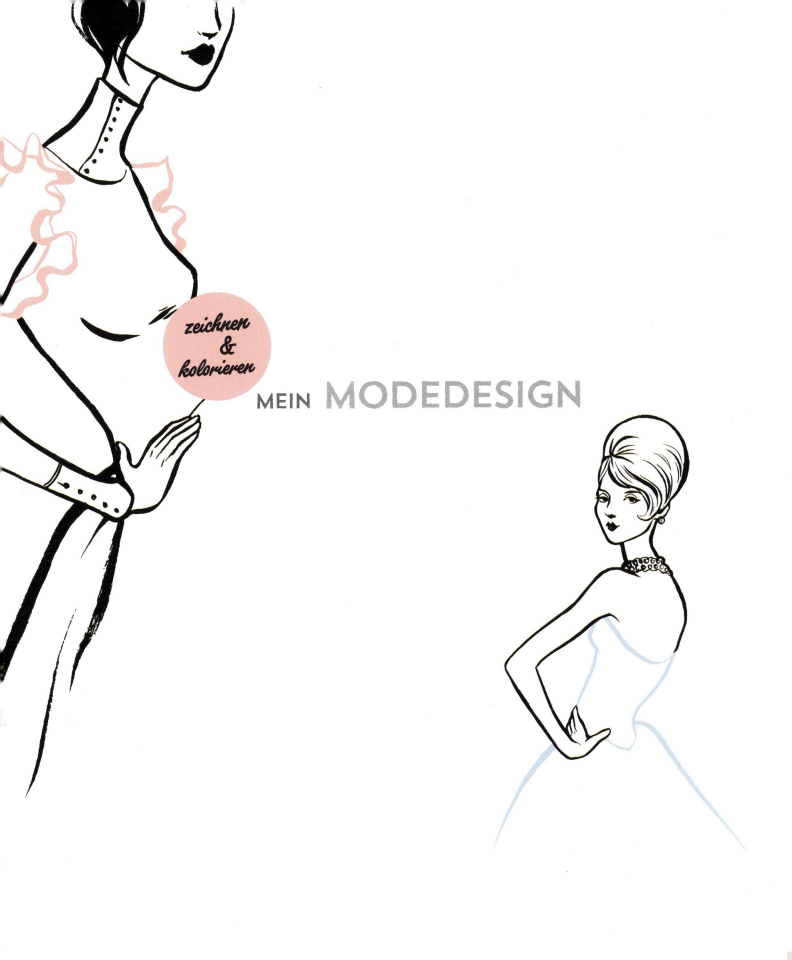

Gleich geht's los!

INHALT

EINFÜHRUNG	9
ROCKSÄUME	10
MODEDEBAKEL!	12
EIN TRAUMPYJAMA	14
HUT-VARIATIONEN	16
OVERALLS ÜBER ALLES	18
T-SHIRT-GRAFIK	20
FLOWER-POWER	22
EIN HAUCH VON FARBE	24
EINE SPORTLICHE SOHLE	26
WINTERMÄNTEL	28
KOPFTUCHDESIGN	30
HOHE HACKEN	32
MASKEN	34
SCHICKE FLICKEN	36
REGENTAG	38
HOCHPLATEAU	40
IN KETTEN GELEGT	42
BRILLENSCHLANGEN	44
DER PERFEKTE SCHNITT	46
DIE RICHTIGE KRAGENWEITE	48
CLUB-MODE	50
GRUFTI ODER EXISTENZIALIST?	52
MINIMALE MINIS	54
SPITZENHANDSCHUHE	56
AUF DIE SOCKEN	58
DIE RICHTIGE JEANS	60
TATTOO-INSPIRATION	62
STREIFEN	64
ZUGEKNÖPFT	66
BIKERMODE	68
AUGENBLICK MAL!	70
HOCH TOUPIERT	72
LAUNEMACHER	74
LEO-LOOK	76
FLOWER-POWER	78
STRANDMODE	80
ZOPFSPIELEREIEN	82
SCHUHPARADIES	84
RÜSCHEN UND FALTEN	86
EIN KUSCHELIGER SCHAL	88
VERNISSAGE	90
COOLE LEDERJACKEN	92
BRAVE FALTEN?	94

GROSSER AUFTRITT	96
SOMMERSANDALEN	98
SCHICKE DESSOUS	100
SCHOTTENKARO	102
SCHMETTERLINGSDRESS	104
HANDTASCHENHIMMEL	106
WINTERPULLOVER	108
ICH HAB DIE NÄGEL SCHÖN	110
WÜSTENFÜCHSIN	112
FLACHE SCHUHE	114
RETROMODE À LA MARY QUANT	116
ES KLIMPERT AM ARM	118
TWEED GANZ KLASSISCH	120
VIVE LA FRANCE!	122
GESICHTSBEMALUNG	124
JE WEITER JE LIEBER	126
HAWAIIHEMDEN	128
SCHICK DURCH DIE PFÜTZEN	130
DER RICHTIGE AUSSCHNITT	132
FEDERDRESS UND FEDERBOA	134
GÜRTELSCHLIEREN	136
AUF DEN PUNKT	138
LOCHSTICKEREI	140
KUNST AM KLEID	142
HOTPANTS	144
RETRO-LOOK	146
AUF DEM ROTEN TEPPICH	148
HIPPIEMODE	150
SCHULTERFREI	152
STIEFELTRÄUME	154
KAPITÄNSJACKE	156
PINK FLAMINGO	158
DESIGN AM BEIN	160
AUFGERÜSCHT	162
BAUCHFREI	164
KIMONO-INSPIRATIONEN	166
IM PAISLEYLOOK	168
AUF DER PISTE	170
SCHICK HOCHGESTECKT	172
FLAUSCHFELLMÄNTEL	174
DANKSAGUNG	176
DIE AUTORIN	176

EINFÜHRUNG

Geben wir es ruhig zu, wir tun es doch alle: Wir blättern Modezeitschriften durch und fühlen, wie unser Herz beim Anblick mancher Sachen ein bisschen schneller schlägt. Doch dann schauen wir auf die Frisuren und denken: »Was haben sie sich bloß dabei gedacht?« Oder wir finden, dass die Accessoires absolut nicht zum Outfit passen oder dass das abgebildete Kleid als Minirock viel besser aussehen würde.

Im tiefsten Herzen sind wir eben alle Designer, selbst wenn die meisten von uns niemals eine Modeschule besucht haben und nichts von Entwürfen und vom Musterzeichnen verstehen. Doch es beflügelt uns, darüber nachzudenken, wie wir uns kleiden und was wir damit ausdrücken wollen. Kleider selbst zu entwerfen ist natürlich etwas schwieriger. Aber mit diesem Buch kommen wir dem Traum vom Modedesign schon einen guten Schritt näher.

Nehmen Sie sich einfach Stifte, Pinsel und Farbe und schlagen das Buch irgendwo auf. Sie finden dort eine Zeichnung, auf der die wesentlichen Bereiche ausgespart sind, sowie einen kurzen Hinweis auf das, was jeweils fehlt. Das Drumherum – Posen und optisches Beiwerk, das auf die angestrebte Stimmung hinweist – ist bereits vorgegeben. Nun liegt es an Ihnen, das Bild nach Ihren eigenen Ideen zu vervollständigen. Sie gestalten die Kleidung und Accessoires wie Schmuck, Taschen, Schuhe – oder gleich ein komplettes Outfit für einen Ausflug in die Wüste!

Wie viel oder wie wenig Sie selbst hinzufügen, liegt ganz bei Ihnen – hier gibt es keine festen Regeln. Lassen Sie Ihrer Fantasie freien Lauf, experimentieren Sie frisch drauflos, und Sie werden staunen, auf was für verrückte und ausgefallene Ideen sie kommen. Wie im richtigen Modeleben erwartet Sie auf jeder Seite eine neue kreative Herausforderung.

Sind Sie bereit zum Träumen, Zeichnen, Kolorieren?

Verzieren Sie die Rocksäume mit Bommeln, Fransen oder Perlenborten.

Auch beste Freundinnen sind nicht begeistert, wenn beide das Gleiche tragen. Eilen Sie den beiden zu Hilfe!

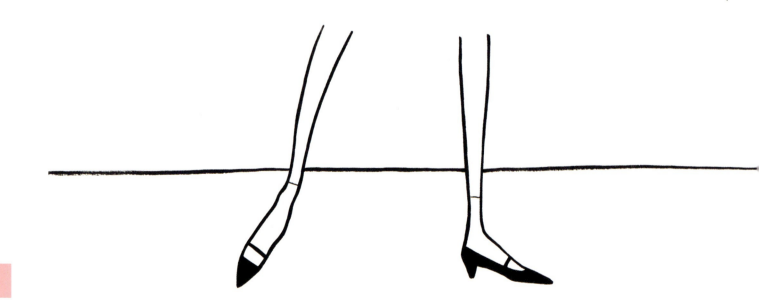

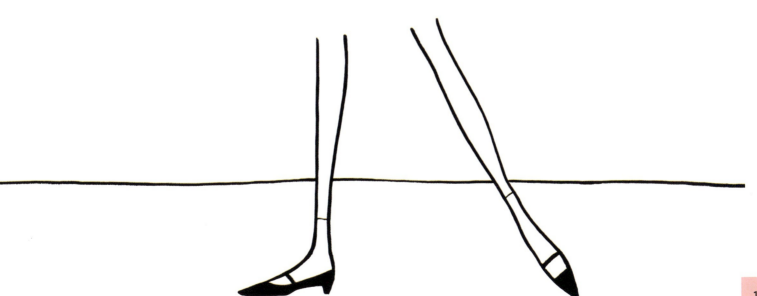

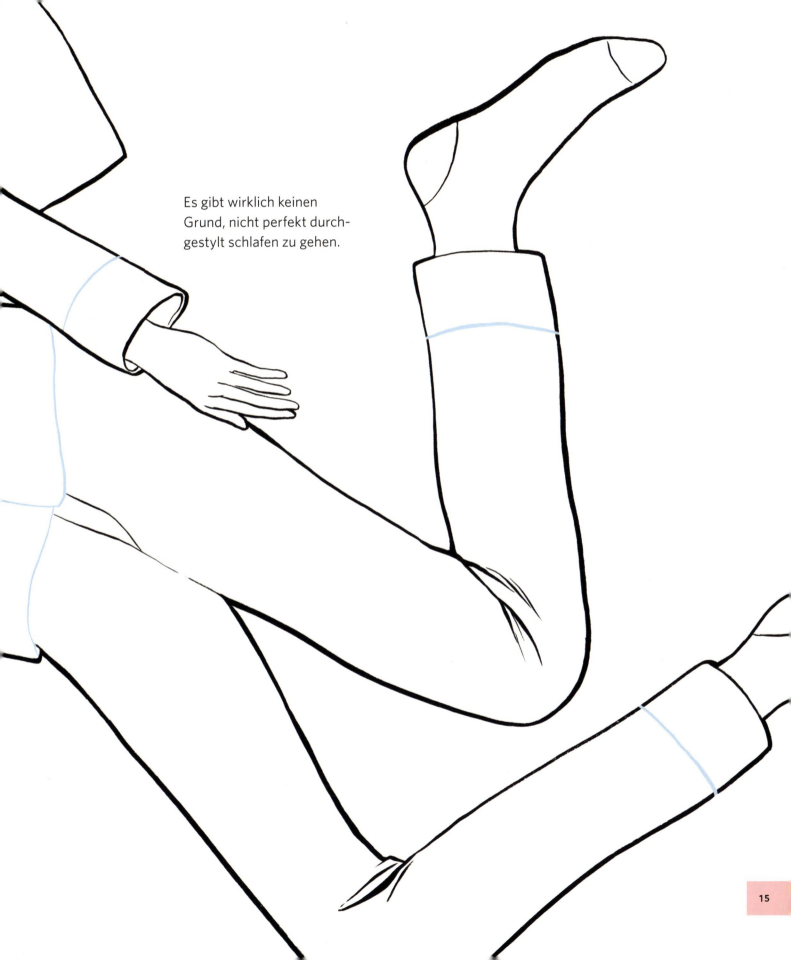
Es gibt wirklich keinen Grund, nicht perfekt durchgestylt schlafen zu gehen.

Hier fehlt eine Kopfbedeckung – je verrückter, desto besser!

Overalls kommen nie aus der Mode, ob kurz, lang, weit oder hauteng.

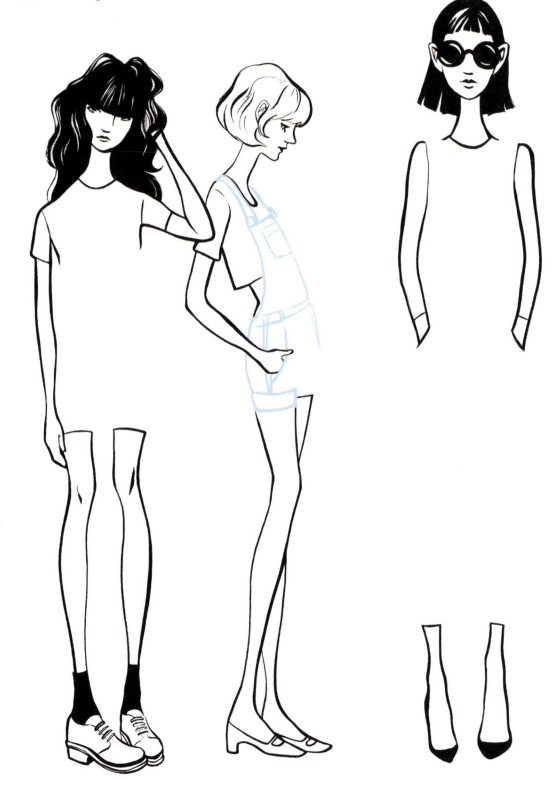

Ein schlichtes weißes T-Shirt ist schick, aber ein cooler Druck ist schicker.

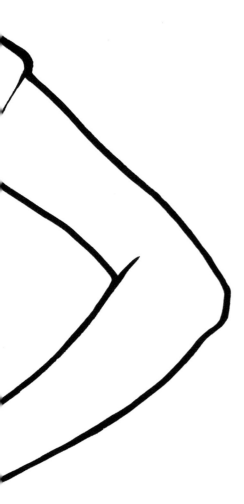

Ein Blumenkleid im Blumengarten:
Kontrast oder Camouflage?

Hier fehlt noch das gewisse Etwas.
Vielleicht ein radikales Make-up oder ein
paar schicke Ohrringe?

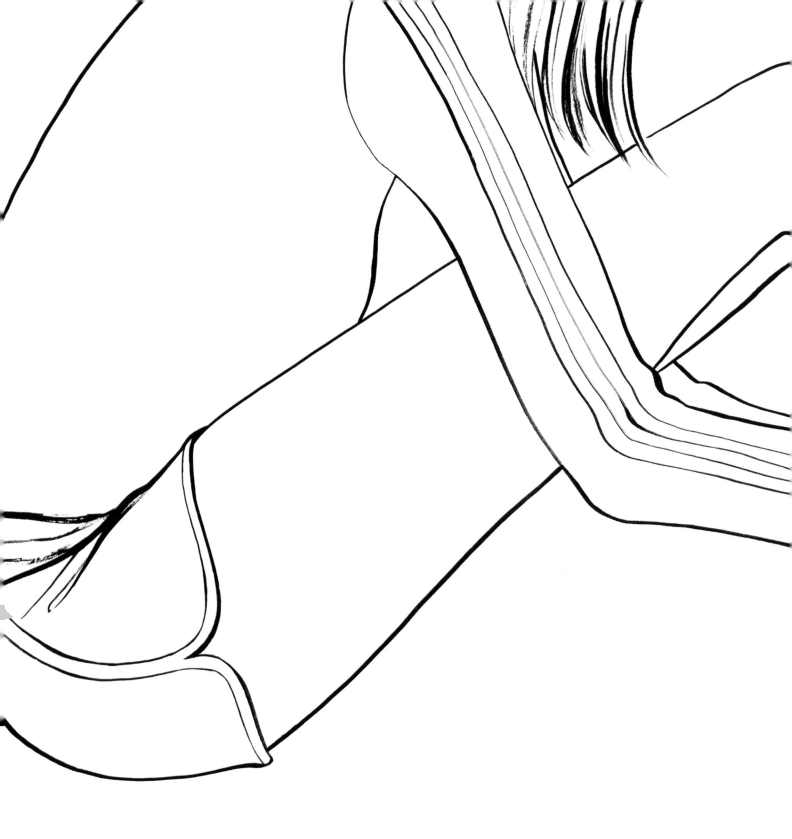

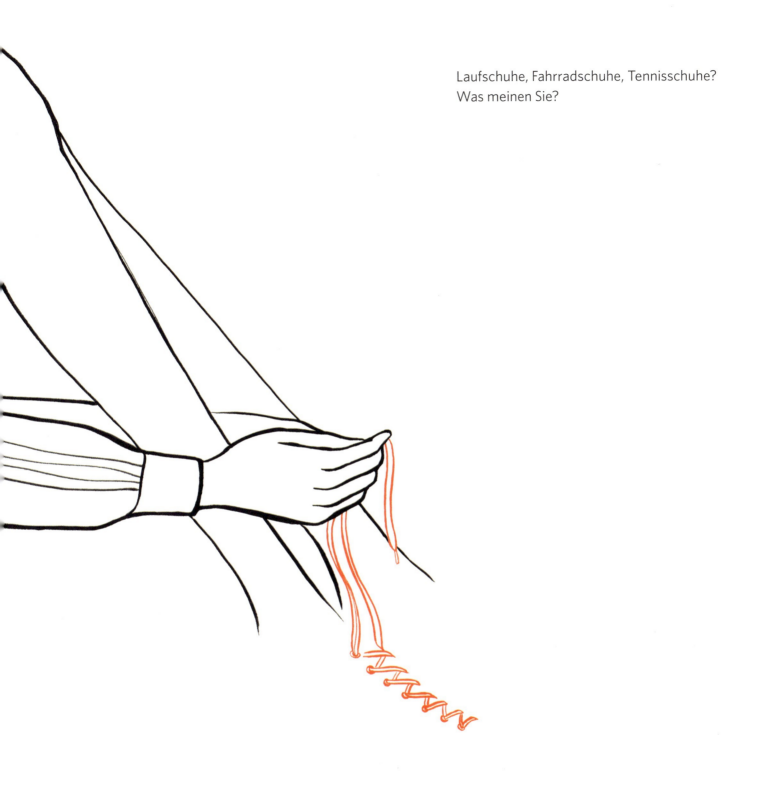

Laufschuhe, Fahrradschuhe, Tennisschuhe?
Was meinen Sie?

Wenn es draußen friert, braucht frau einen schicken, warmen Wintermantel.

Ein Seidenkopftuch ganz brav oder lieber im Retro-Look, mondän oder ultracool?

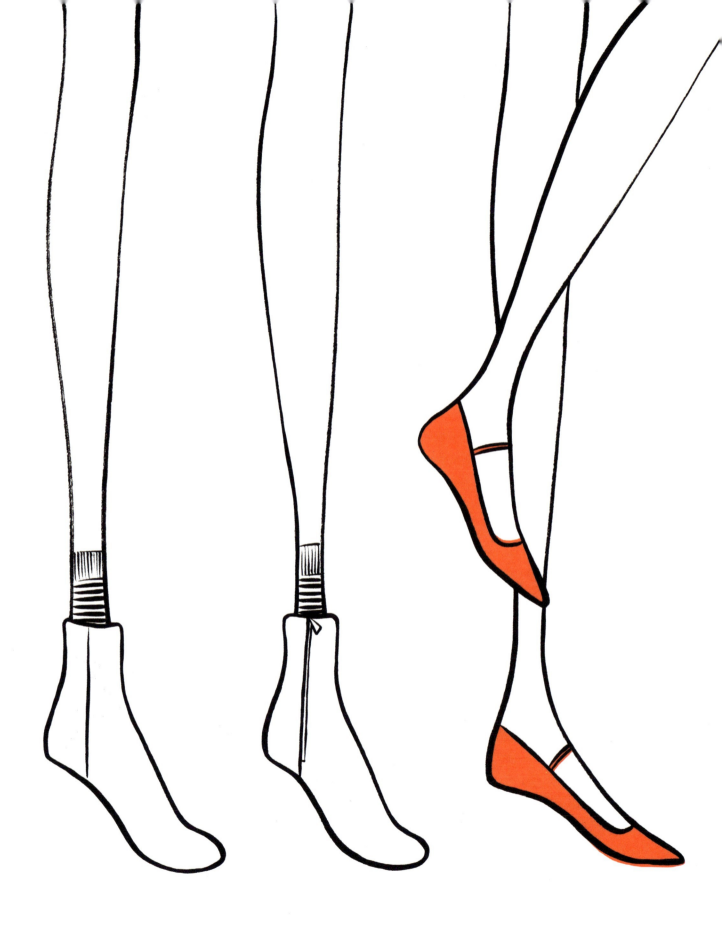

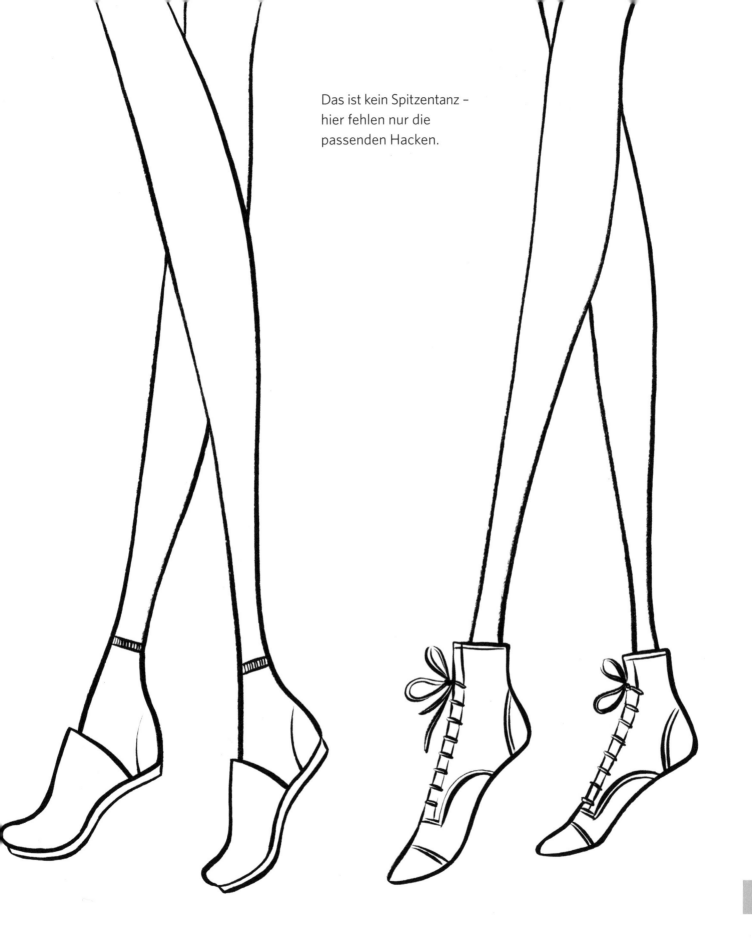

Das ist kein Spitzentanz – hier fehlen nur die passenden Hacken.

Maskenball, Karneval, Halloween? Das entscheiden Sie!

Weniger ist mehr? Keineswegs!
Die Jacke braucht noch viel mehr
bunte Flicken!

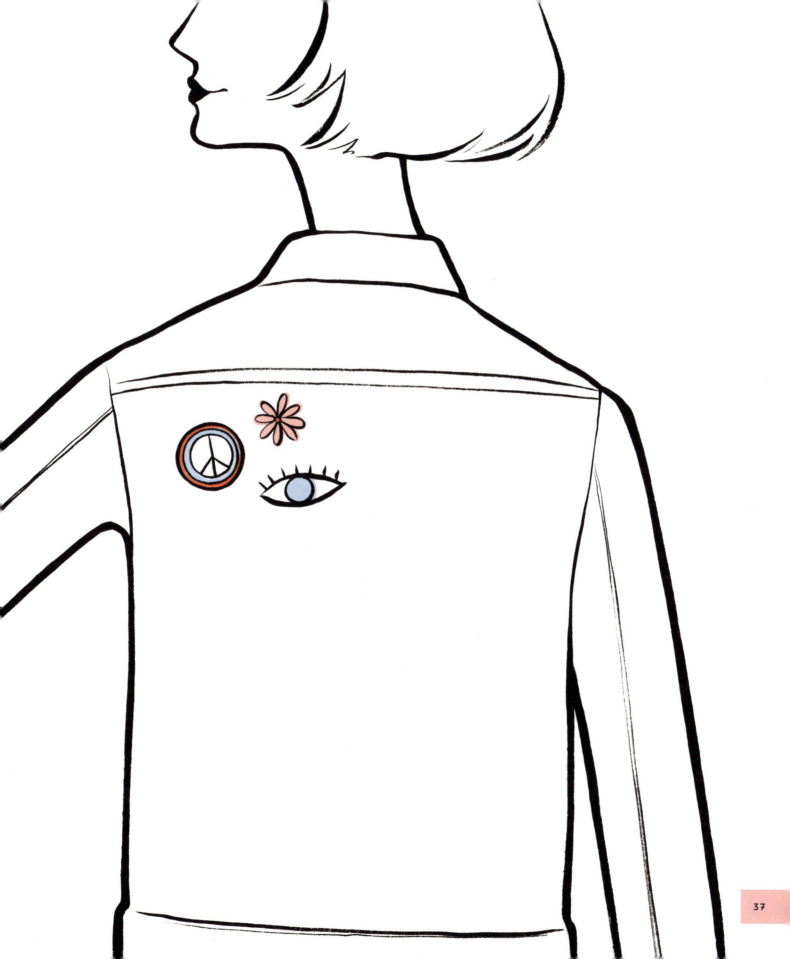

Diese Schuhe brauchen eine Art Hochplateau.

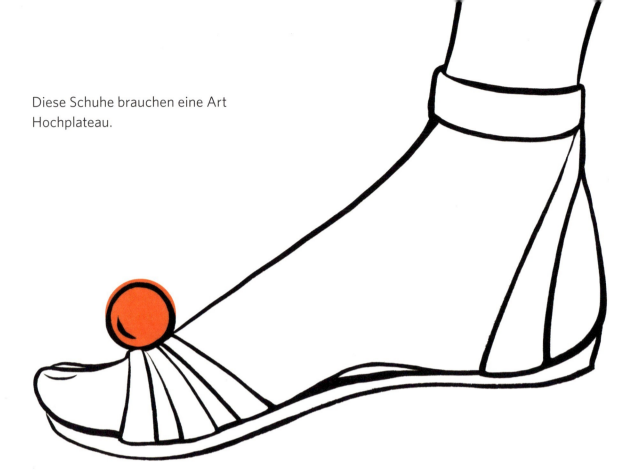

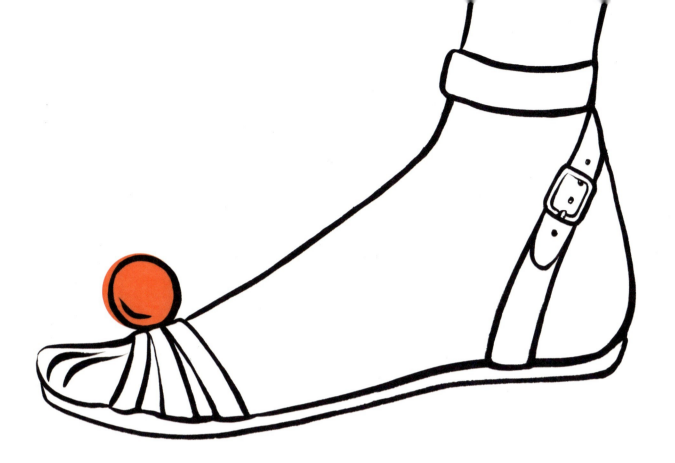

Diese Lady sollte mit einer hübsche Halskette geschmückt werden. Oder wie wär's gleich mit einer ganzen Kollektion zur Auswahl?

Im richtigen Rahmen gesehen, schaut die Welt doch gleich ganz anders aus ...

Je minimalistischer der Kleidungsstil, desto besser sollte der Haarschnitt dazu passen.

Dieses nostalgische Kleid braucht noch einen dazu passenden Kragen.

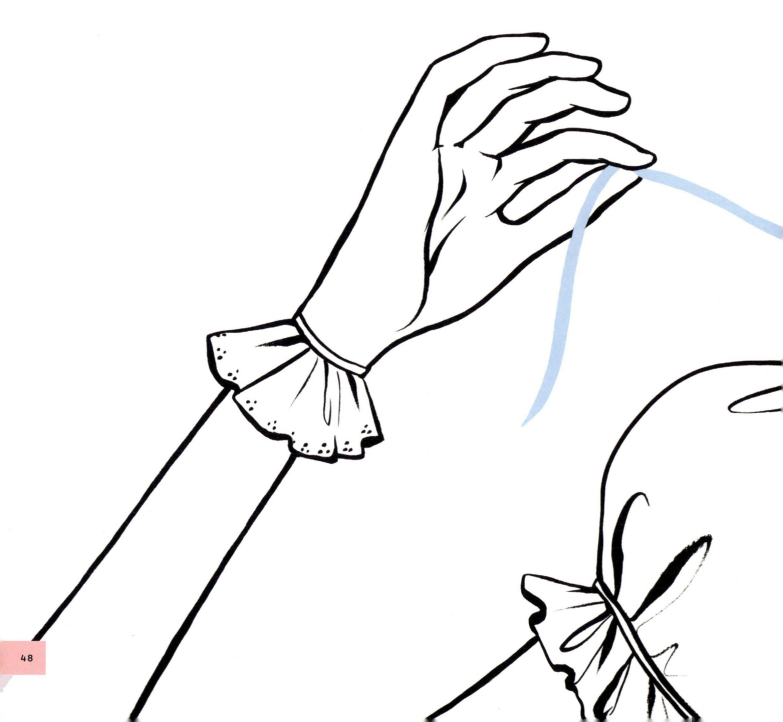

Was ziehen wir der Dancing Queen bloß an? Retro-Fransen sind wieder ganz groß im Kommen!

Existenzialismus oder Grufti-Look? Auf jeden Fall: Schwarz.

Mini oder breiter Gürtel:
Geht's noch kürzer?

Nachmittagskleid und Spitzenhandschuhe?
Yes Ma'am!

Zeigt her eure Socken... je bunter je lieber.

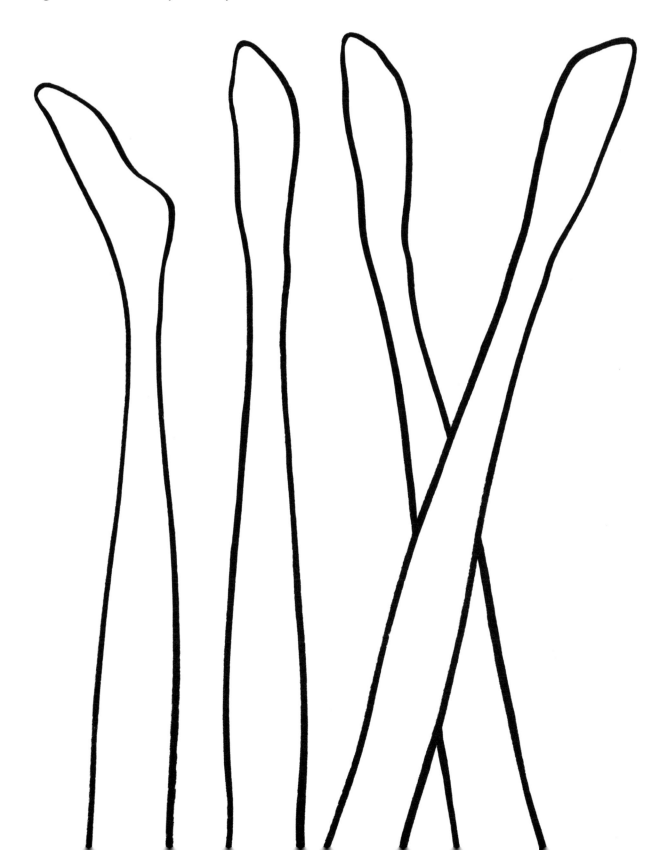

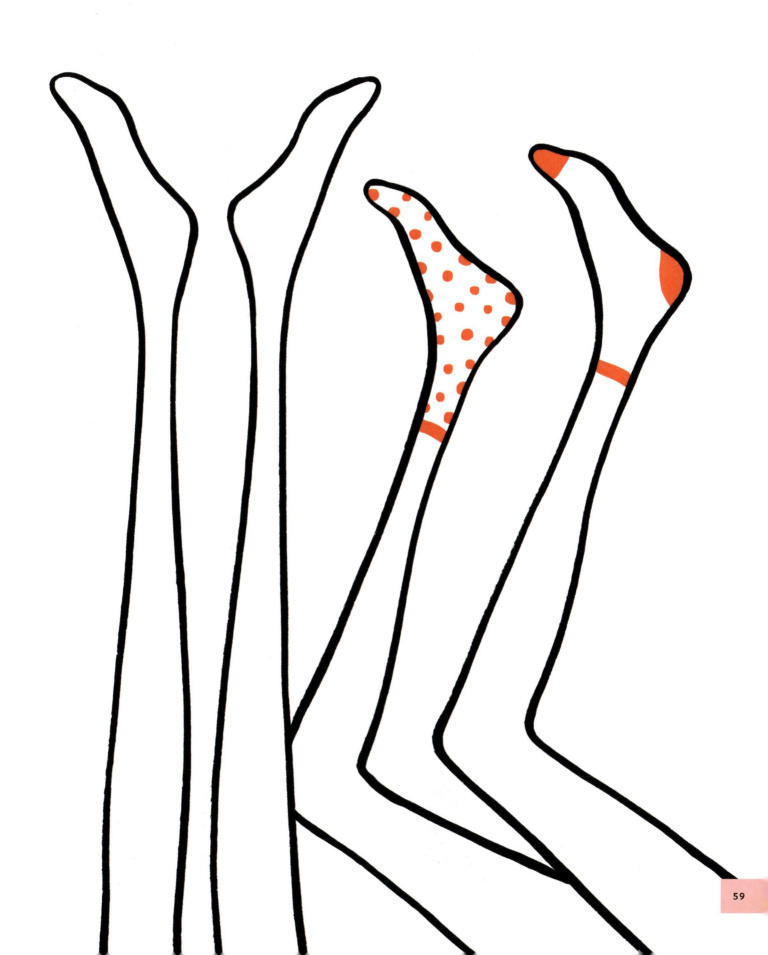

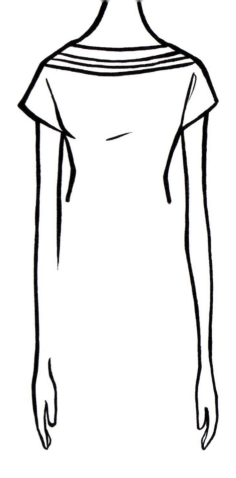

Jeans ist nicht gleich Jeans – weit gefehlt.

Heute mal keine Blumen, sondern Streifen in allen Ausführungen.

Manchmal lohnt sich der Blick zurück: Eine schlichte, klassische Bluse gehört zur Grundausstattung jeder Garderobe.

Die Biker-Lady ist startbereit. Sie wartet nur noch auf die passende Kluft.

Die Augen brauchen noch ein bisschen Make-up, das keiner übersehen kann.

Hoch, höher, am höchsten: mit Toupierkamm und Bleistift!

Hier muss ein fröhliches Outfit her, das die düsteren Sorgenwolken vertreibt!

Eine Blumenkrone für das Blumenkind!

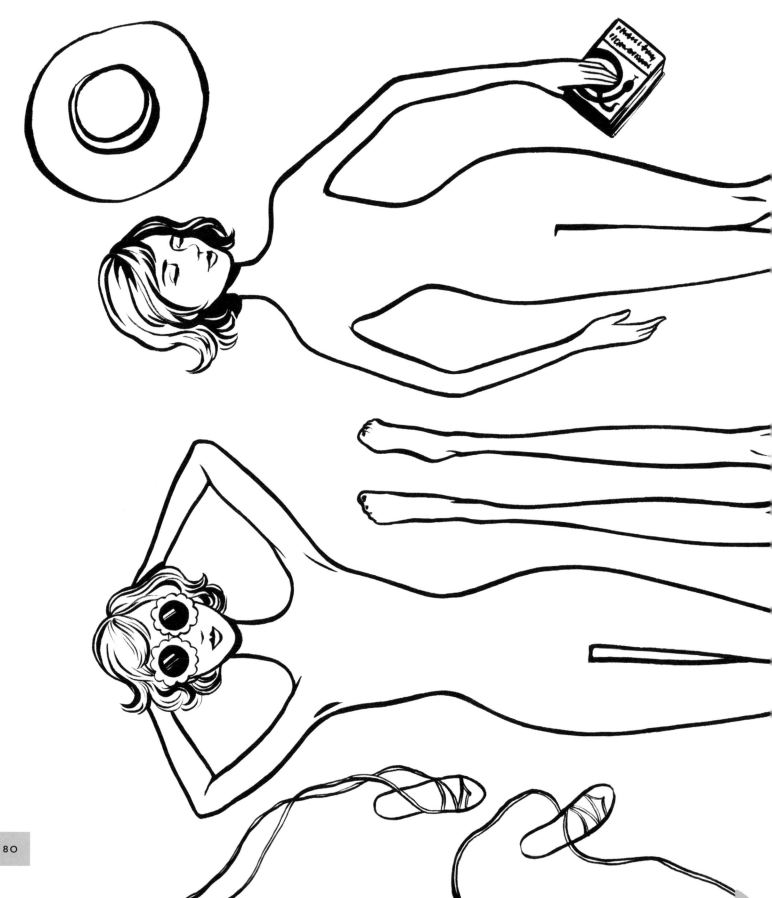

Endlich Bademode, die rundherum zu Ihnen passt!

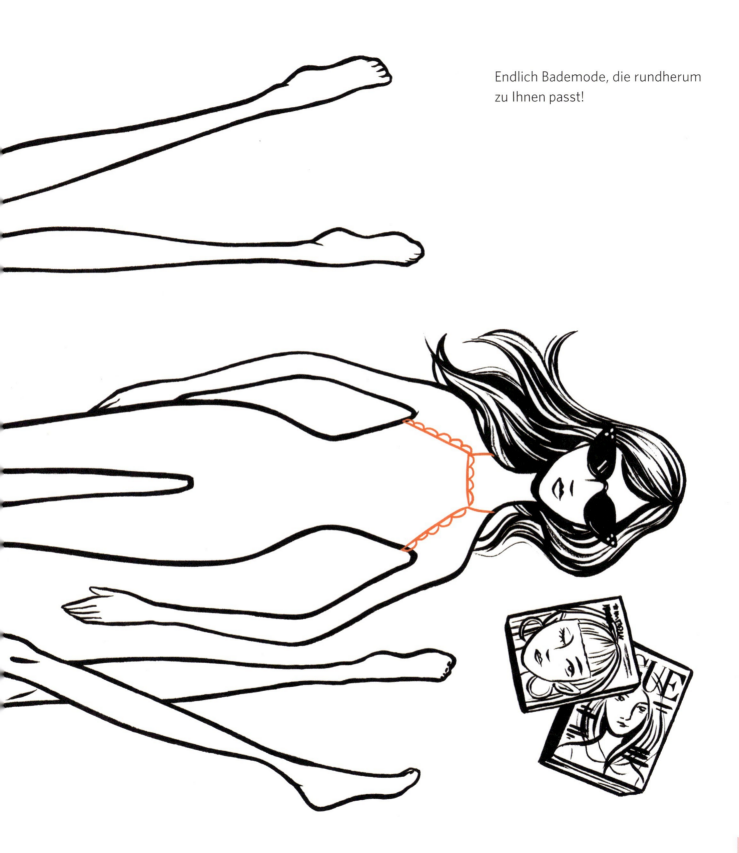

Flechtfrisuren ganz brav – oder lieber nicht so brav?

Auf das richtige Detail kommt es an: Wie wär's mit ein paar nostalgischen Rüschen, Spitzen und Falten?

Ein warmer Schal für einen kalten Winter – glatt rechts, kraus oder im Rippenstrick?

Die Lady rechts braucht noch die perfekt gestylte Lederjacke.

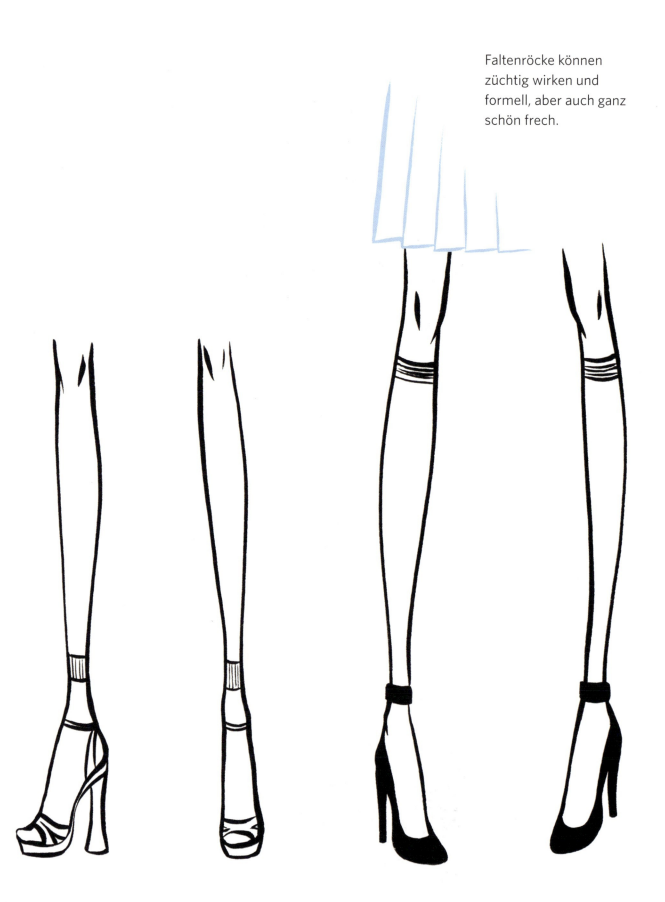

Faltenröcke können züchtig wirken und formell, aber auch ganz schön frech.

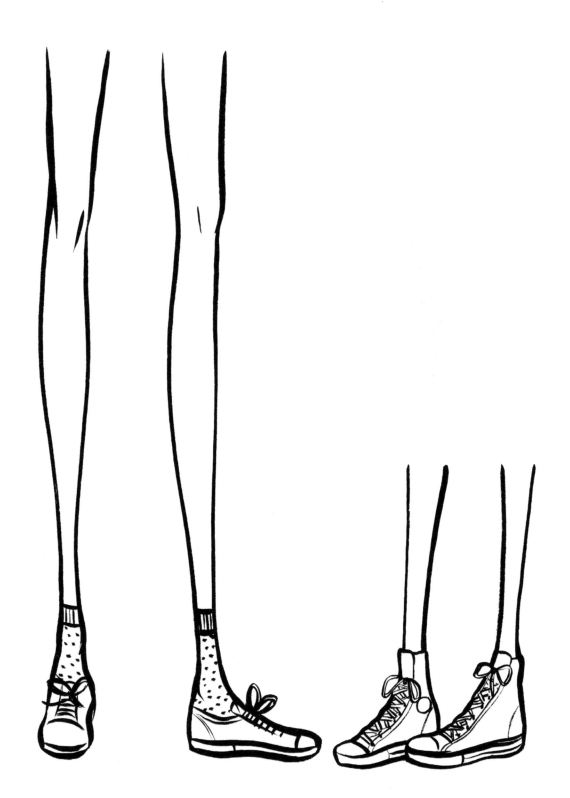

Hier geht es um den ganz großen Auftritt: in rauschendem Taft und mit dramatischen Schleppen.

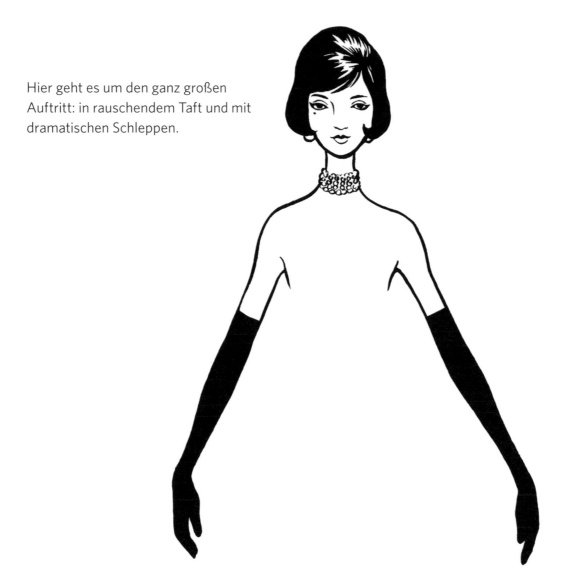

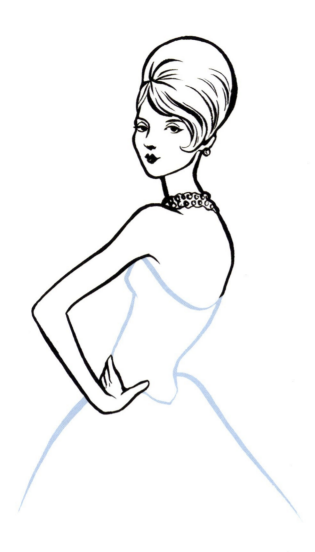

Hier stellen wir uns ein paar coole Sandalen für einen richtig heißen Sommertag vor.

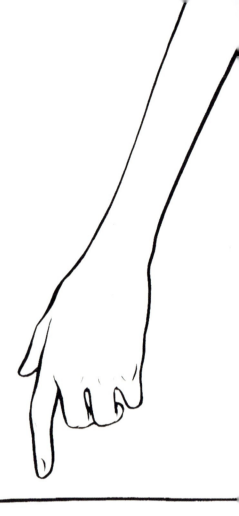

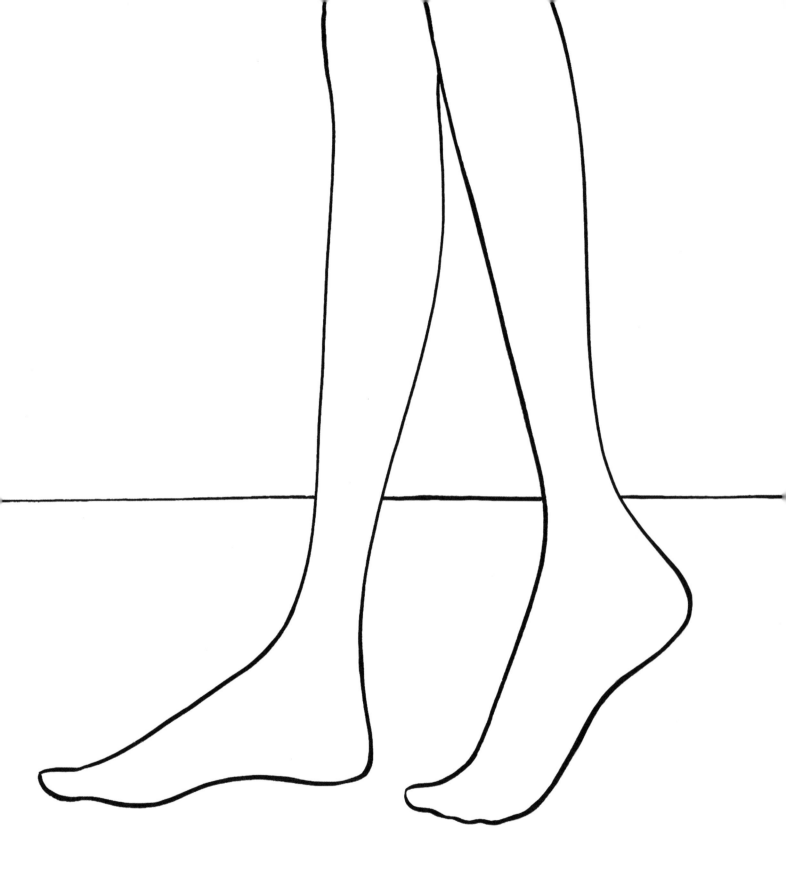

Girls just wanna have fun! – Und elegante Kleider brauchen exquisite Dessous.

Schotten-Karo? Oh, ja! In allen Farben.

Wie sähe wohl das richtige
Kleid für Madame Butterfly
aus?

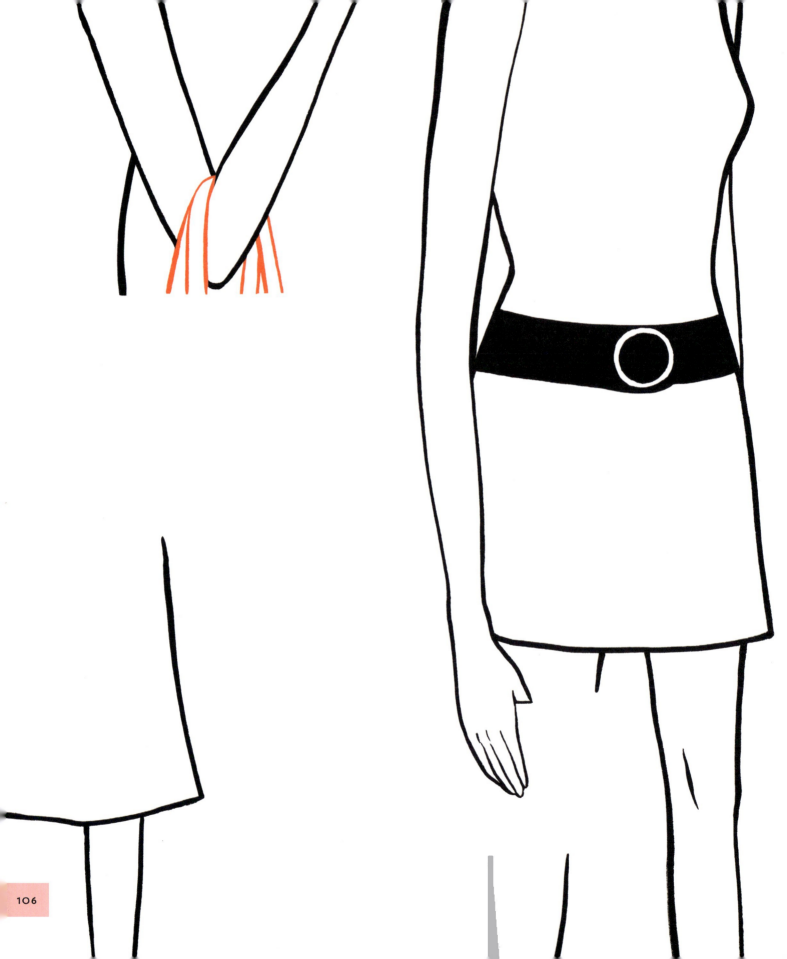

Ohne Handtasche ist Mode keine Mode.
Zeichnen Sie sich Ihr Lieblingsmodell.

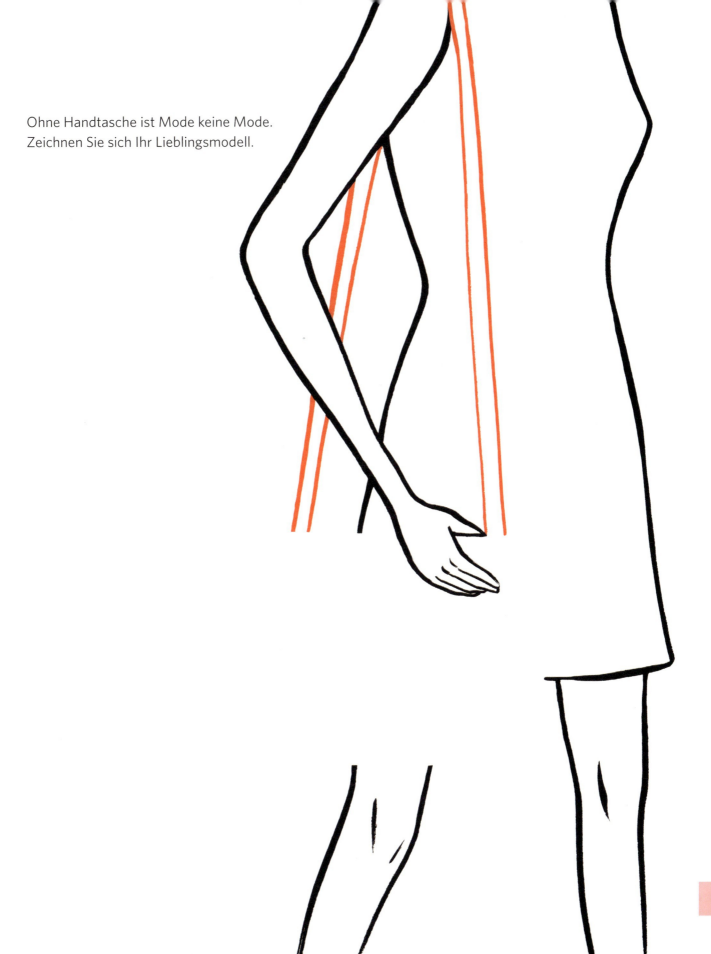

Auch das Gestrickte braucht Design.
Zeigen Sie, was in Ihnen steckt!

Krallen zeigen: Diese Fingernägel lassen sich ordentlich aufpeppen.

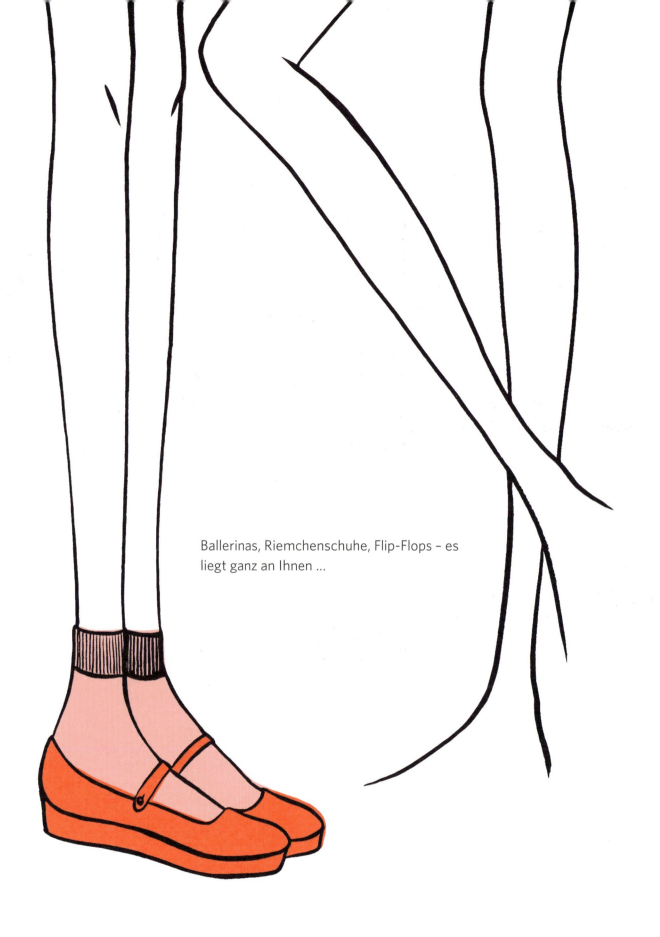

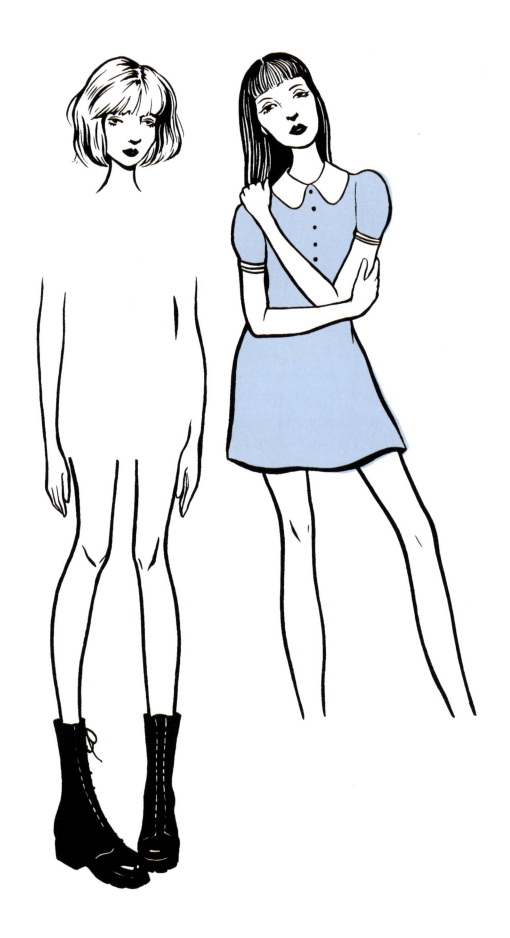

Babydoll-Kleider mit klobigen Stiefeln? Aber natürlich: Auf den richtigen Mix kommt es an!

Ohne Armreifen fühlt sich unser
Model ganz nackt ...

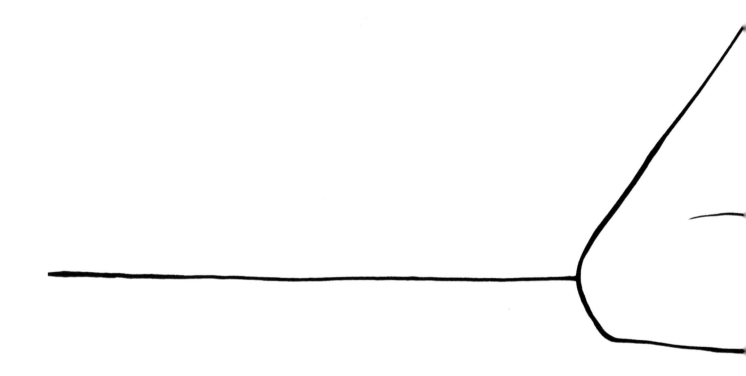

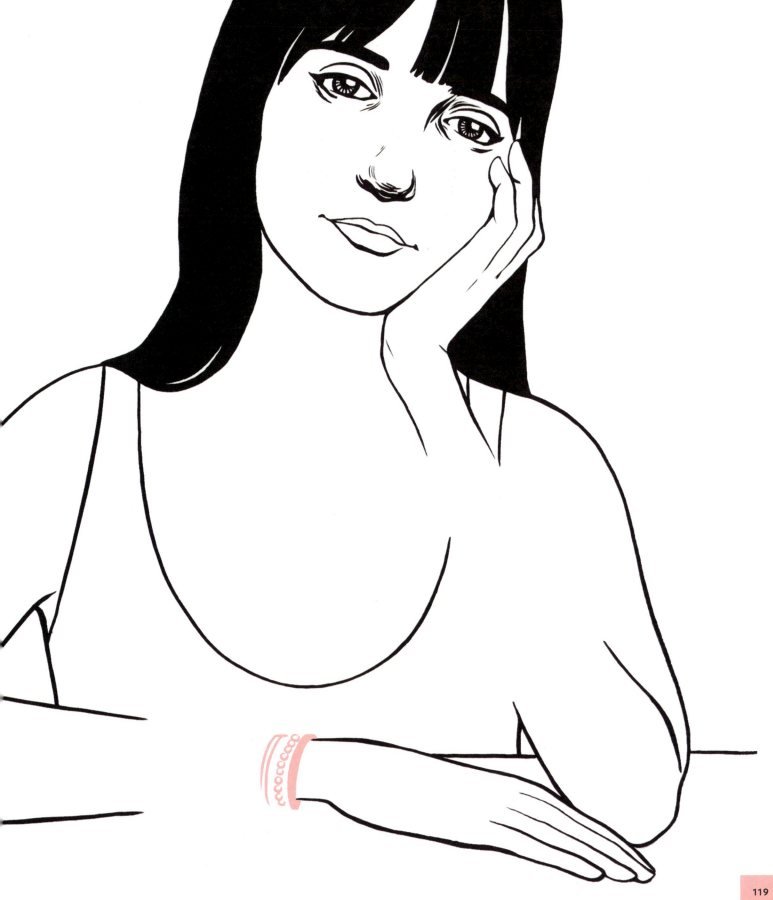

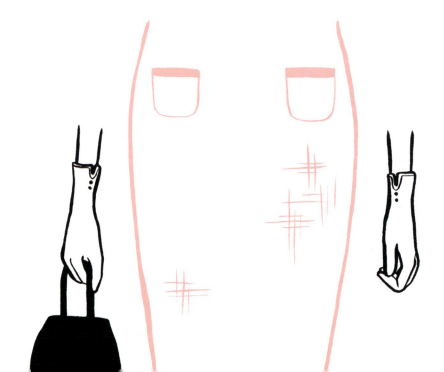

Wie wär's hier mit einer klassischen Tweedjacke, fesch und frei nach Coco Chanel?

Poppige Miniröcke für die Retro-Party?

Manchmal muss es einfach
die volle Kriegsbemalung sein.

Diese Mädels mögen ihre Mäntel und Hosen schön weit und bequem!

Aloha ohé! Hawaii-Hemden sind wieder in.

Gegen die Pfütze hilft keine Mütze – Gummistiefel müssen her.

Mit dem richtigen Ausschnitt werden diese Kleider zum Hingucker. Versuchen Sie's auch mal mit Knöpfen und Rüschen, oder gehen Sie (mit dem Ausschnitt) in die Tiefe.

Nicht nur Vögel haben ein schönes Federkleid …

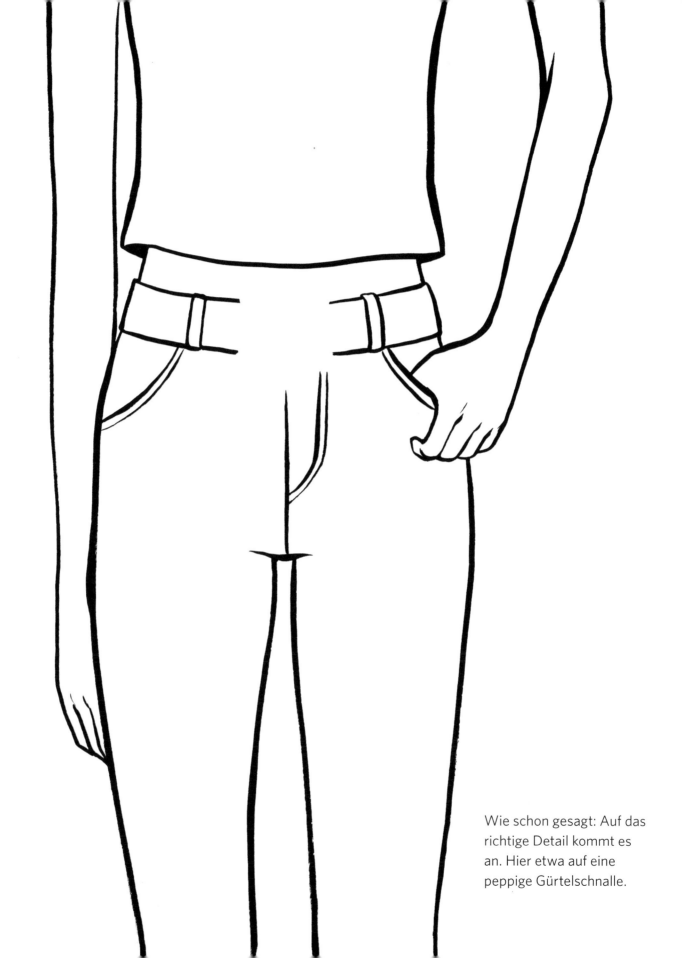

Wie schon gesagt: Auf das richtige Detail kommt es an. Hier etwa auf eine peppige Gürtelschnalle.

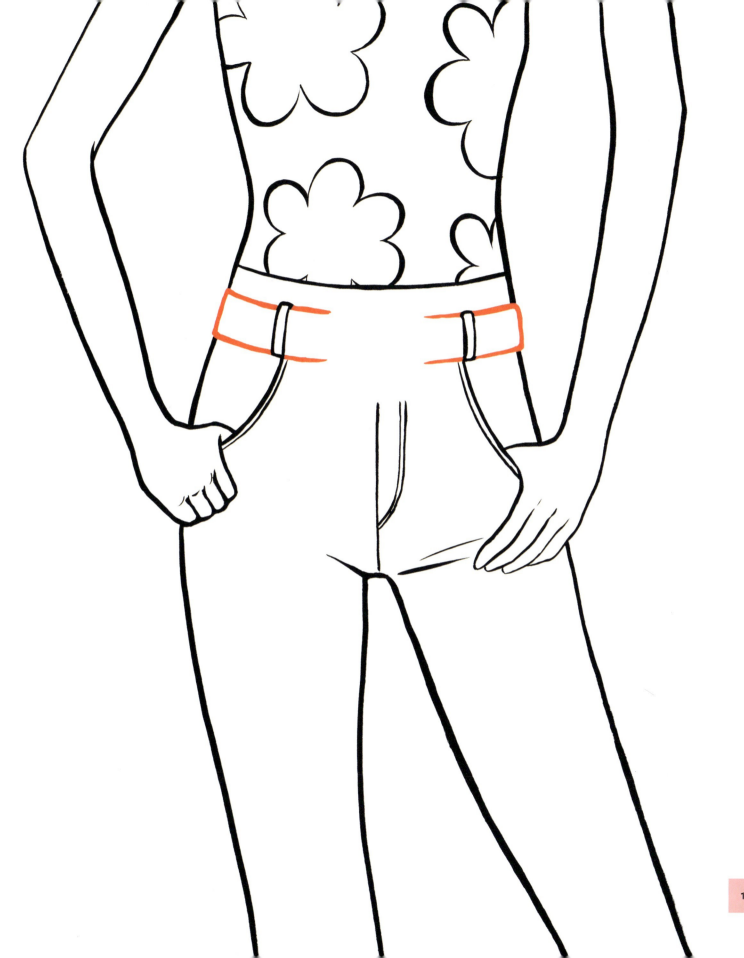

Wie wär's mit luftigen Sommerblusen in Lochstickerei für diese zierlichen Girlies?

Der richtige Pinselstrich kann Wunder wirken.

Die Dramaqueen braucht einen dramatischen Auftritt. Verpassen Sie ihr ein nostalgisches Cape, vielleicht mit Pelerine.

Sie ist wie geschaffen für den Auftritt auf dem Roten Teppich. Da fehlt nur noch ein richtig glamouröses Kleid ...

Happy Hippie: Flower-Power im Patchwork-Look.

Sie wird der Welt die kalte Schulter zeigen. Mit welchem (asymmetrisch geschnittenen) Kleid geht das wohl am besten?

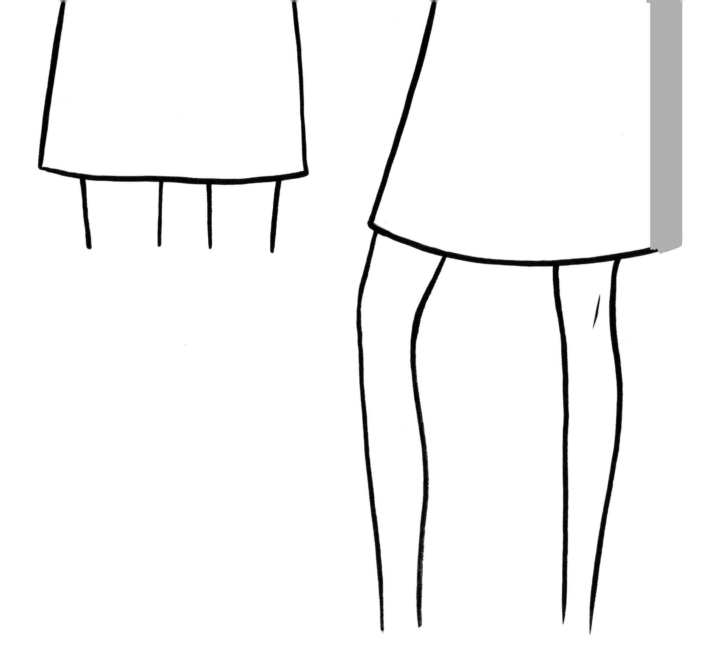

These boots are made for walking? Nicht nur: Gut aussehen sollen die Stiefel schon auch (egal, wie lang sie sind).

Kapitänsjacken stehen auch Landratten!

Pink kann man nicht gar genug um sich haben. Finden Sie nicht auch?

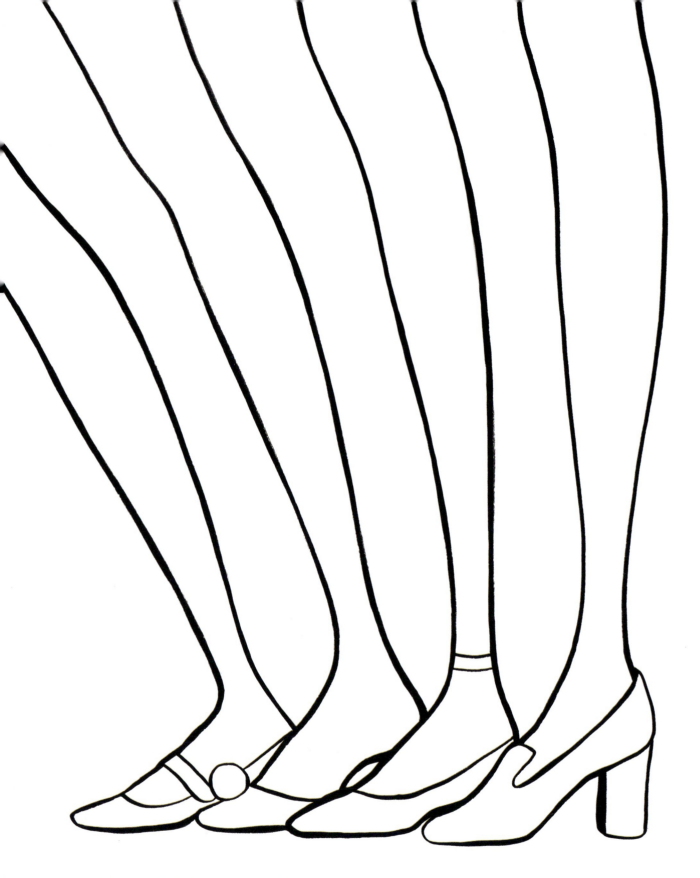

Manchmal sind es die Strumpfhosen, die einem Outfit die nötige Farbe geben.

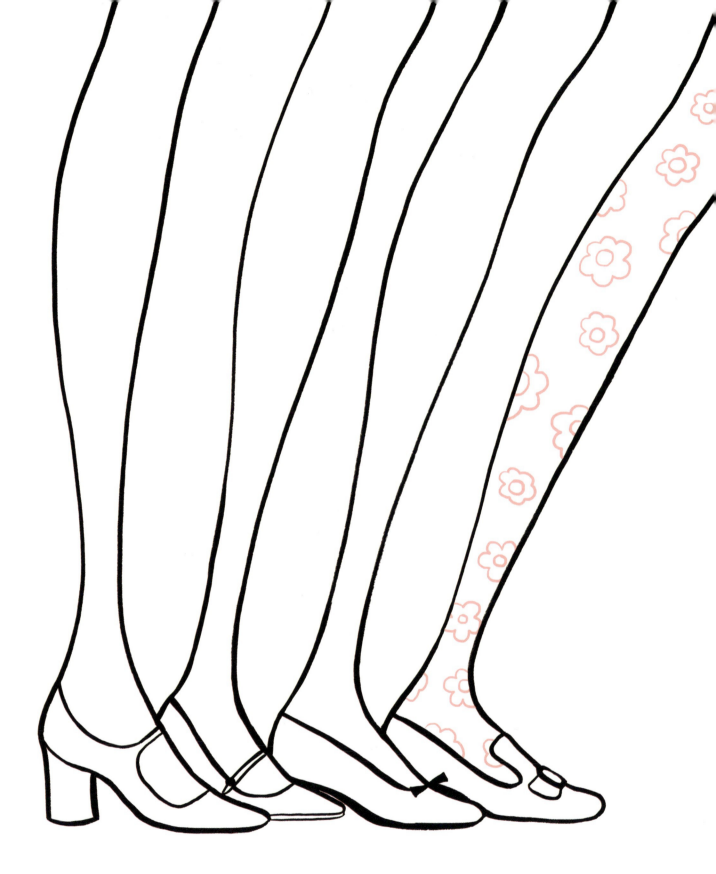

Ohrringe, Ketten, Armreifen – setzen Sie das Modell mit Ihren ganz persönlichen Accessoire-Ideen in Szene.

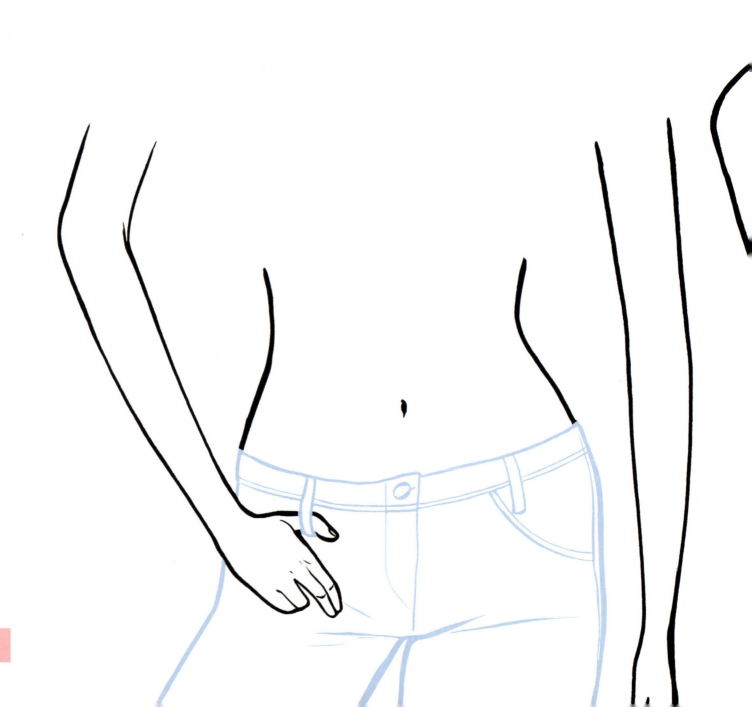

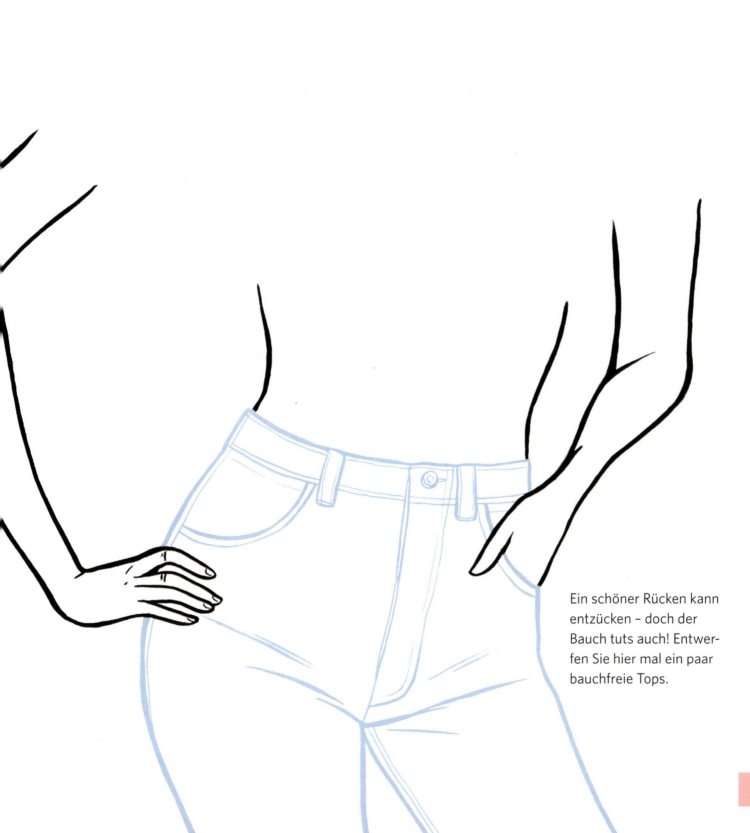

Ein schöner Rücken kann entzücken – doch der Bauch tuts auch! Entwerfen Sie hier mal ein paar bauchfreie Tops.

Big in Japan? Na klar.
Und Kimonos sind nicht
nur etwas für Geishas.

Flatterkleider im Paisleydruck – die Sixties lassen grüßen.

Schick für die Piste. Und zum Apres-Ski
natürlich auch …

Starfriseur Vidal Sassoon schuf einst den Bob. Und was zeichnen Sie?

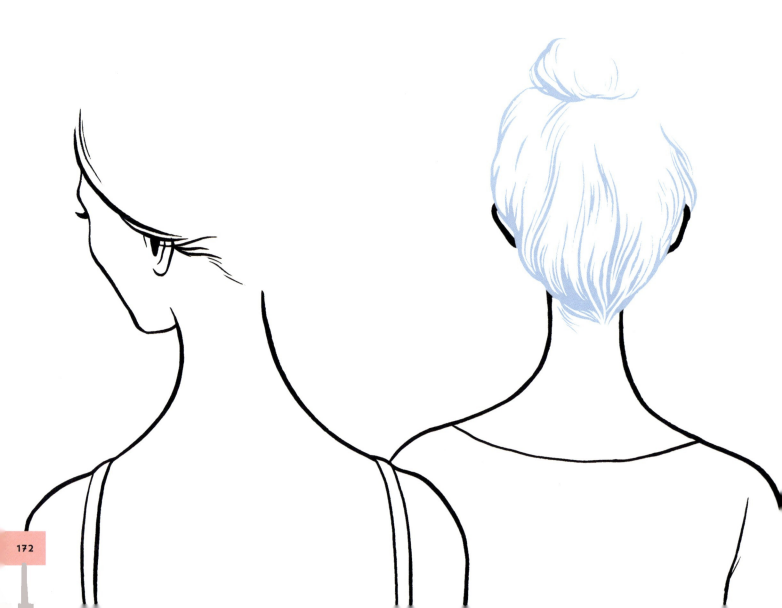

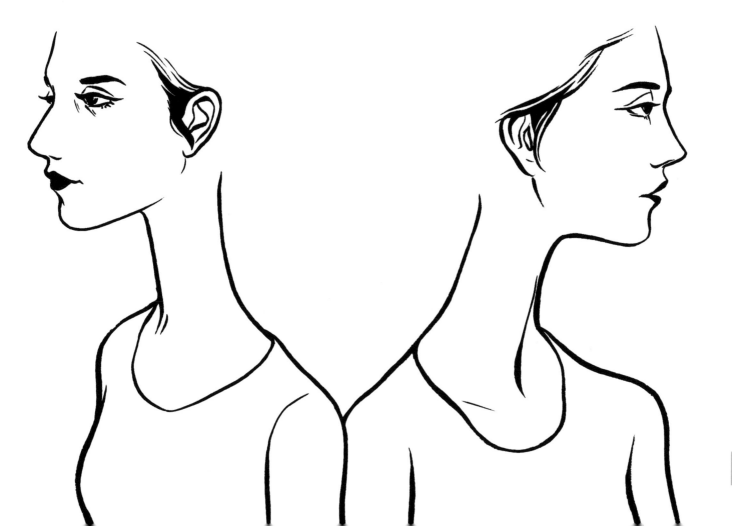

Zu guter Letzt ziehen wir uns warm an: mit einem Pelz. Einem Kunstpelz, selbstverständlich. Je flauschiger, desto besser.

DANKSAGUNG

Ein besonderes Dankeschön an Sarah Schifrin und Lawrence Karman für die Unterstützung und an Judith Cressy für ihre Mithilfe.

DIE AUTORIN

Die junge Künstlerin und Illustratorin Bijou Karman lebt in Los Angeles. Sie war schon als Kind von Farbstiften und Malfarben umgeben. Ihre Modebegeisterung springt uns aus ihren Illustrationen förmlich entgegen. Sie bestand die Abschlussprüfung am Art Center College in Pasadena, Kalifornien, mit Auszeichnung.